CATALOGUE

D'UNE COLLECTION

D'OBJETS D'ART CÉRAMIQUE

Cruches en grès de Flandre, des XVe, XVIe et XVIIe siècles, Poterie Allemande d'un bel émail,

OBJETS DIVERS DE CURIOSITÉ

EN MEUBLES ANCIENS ET SOIERIES,

DESSINS MODERNES

DES ÉCOLES FLAMANDE ET FRANÇAISE,

Qui composent le Cabinet de M. Léon BECKER,

DONT LA VENTE AUX ENCHÈRES PUBLIQUES AURA LIEU

Les Lundi 10, Mardi 11, Mercredi 12 Janvier 1853,

à une heure,

RUE DES JEUNEURS, N. 42,

Salle n. 2,

Par le ministère de Me **RIDEL**, Commissaire-Priseur,
rue Saint-Honoré, 335,

Assisté de M. **MANNHEIM**, Expert, rue de la Paix, n. 10,

Et de M. **F. PETIT**, boulevart Poissonnière, n. 24,

Chez lesquels se distribue le présent Catalogue.

EXPOSITION PUBLIQUE

Le Dimanche 9 Janvier 1853, de midi à cinq heures.

Exemplaire de Beurdeley père.

PARIS.

MAULDE ET RENOU,

IMPRIMEURS DE LA COMPAGNIE DES COMMISSAIRES-PRISEURS,
rue de Rivoli prolongée, au coin de la rue de l'Arbre-Sec.

1852

CONDITIONS DE LA VENTE.

Elle sera faite au comptant.

Les acquéreurs paieront cinq pour cent en sus des enchères.

AVANT-PROPOS.

Ce cabinet, dû à la persévérance et aux recherches actives d'un amateur zélé, est l'un des derniers de la Belgique où ils étaient si nombreux. Il a fallu de longues années pour rassembler cette collection de poteries néerlandaises de la plus belle qualité, car la difficulté de se procurer ces vases si curieux et si beaux arrête beaucoup d'amateurs.

C'est donc une bonne fortune pour nous que cette vente ait pu être effectuée à Paris où ils sont si recherchés des artistes et des hommes de goût.

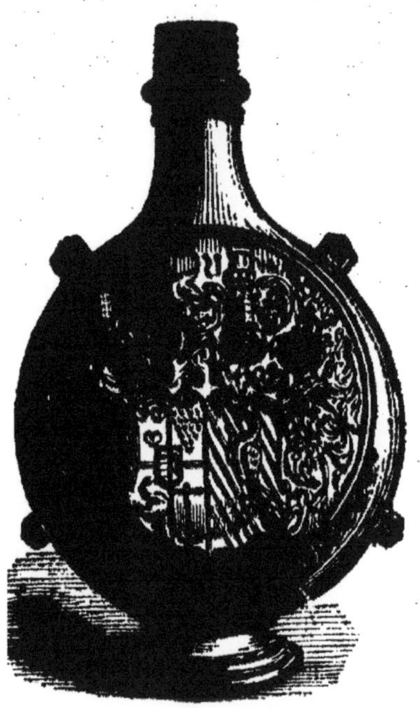

27

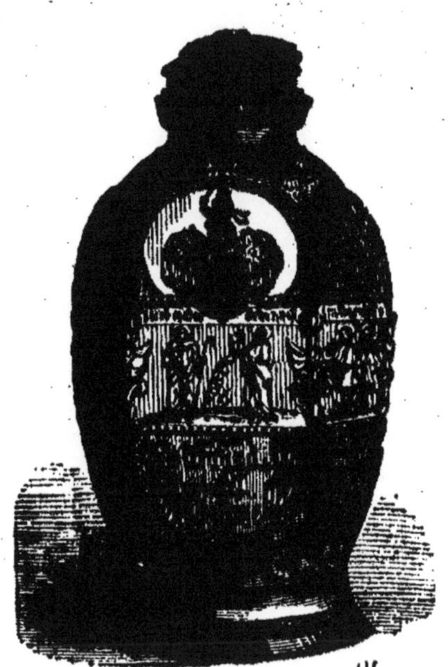

260

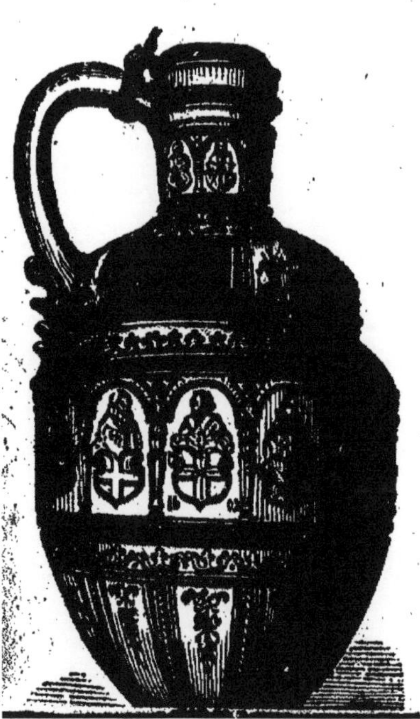

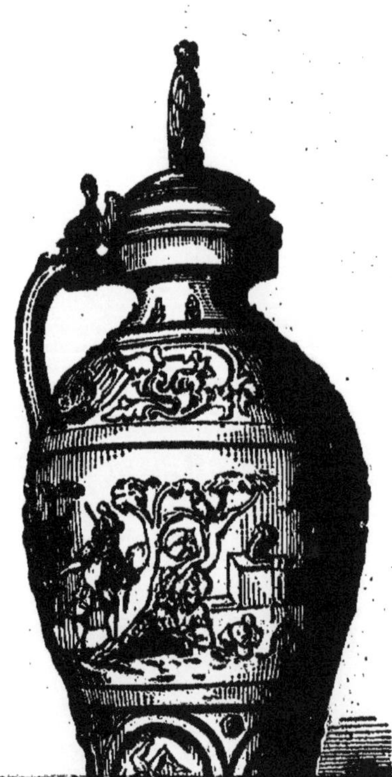

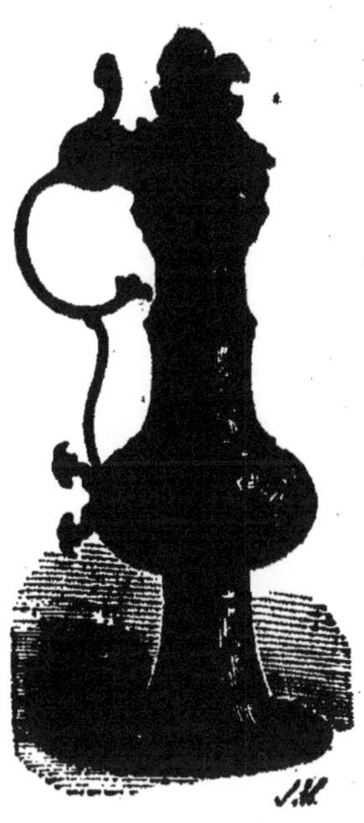

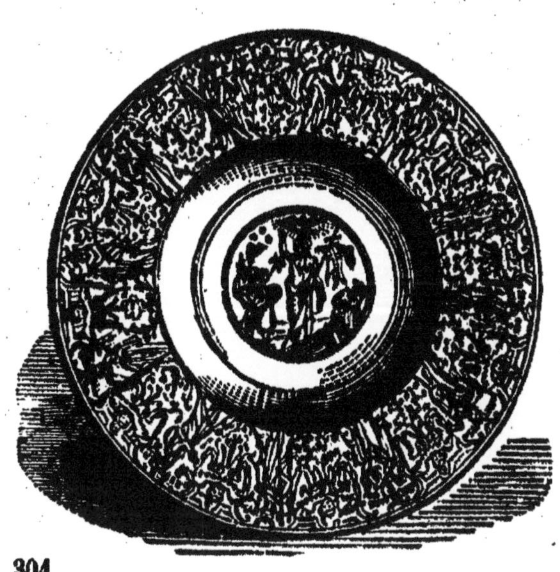

304

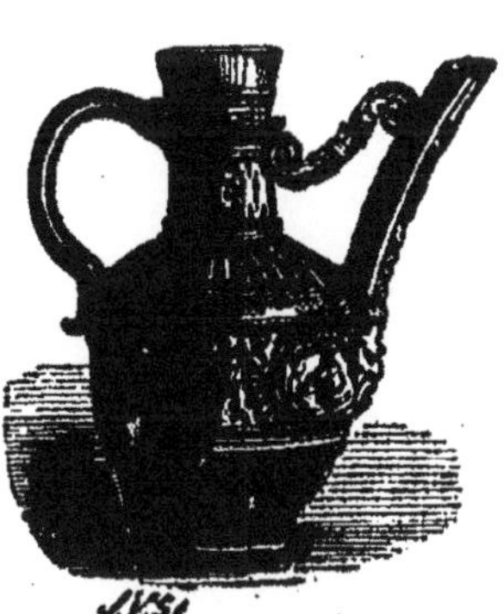

11

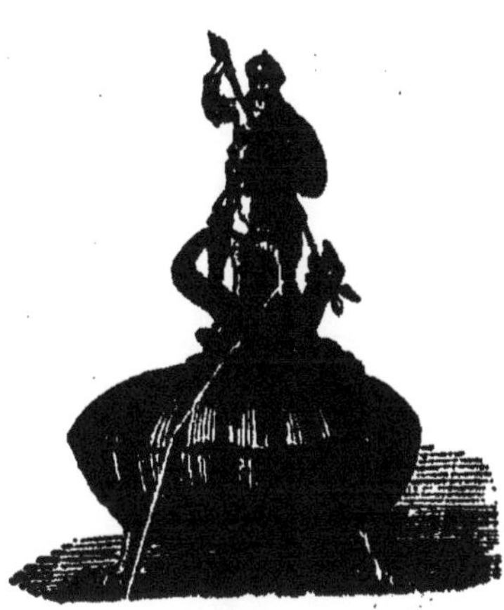

251

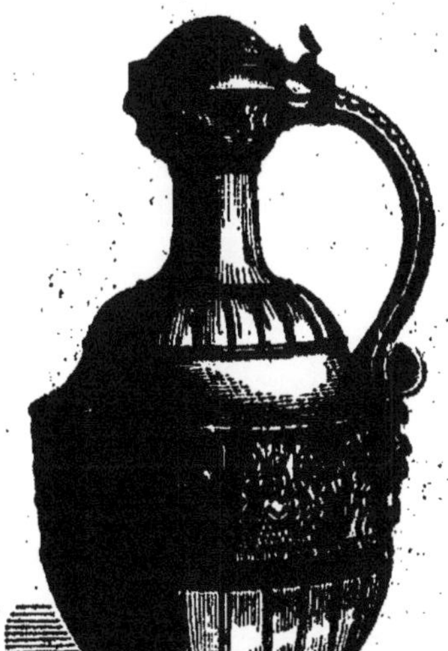

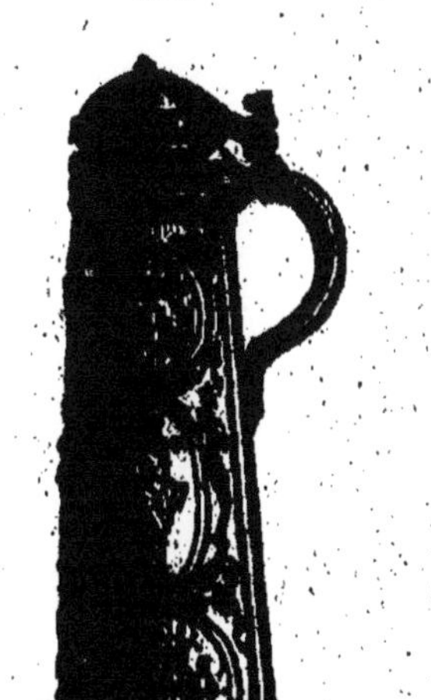

DÉSIGNATION

DES OBJETS

ART CÉRAMIQUE.

Poterie néerlandaise, grès de Flandre des XVe, XVIe et XVIIe siècles.

PATE ET COUVERTE BLANCHE.

FORME PRESQUE CYLINDRIQUE (SNELLEN).

1 — L'ornementation de ce beau vase consiste en arabesques entourant neuf médaillons rangés perpendiculairement : *Le Sacrifice d'Abraham*, *Josué*, *L'Ivresse de Noé*. Les mêmes scènes sont répétées trois fois. La marque du potier est P. K. Le couvercle en étain est primitif.

Hauteur. 35 c.

2 — (1583). La figure d'*Herclus* répétée trois fois, avec les armoiries de *Guillaume-le-Riche, duc de Juilliers, de Clèves et de Berg, comte de La Marck et de Ravensberg, mort le 25 juillet*

1592, et de sa femme *Marie, fille de l'empereur Ferdinand Ier, née en 1530, mariée en 1546, morte en 1584*. Très remarquable. Couvercle en étain.

Haut. 35 c.

3 — (1568). Neuf médaillons en losange, entourés d'ornements : *Un ange au milieu des flammes*, *Samson terrassant le lion*, et *Samson et Dalila*. La marque du potier : S T. Couvercle en étain.

Haut. 32 c.

4 — Six médaillons en losange : *Esther aux pieds d'Assuérus* et *Le Triomphe de Mardochée*. Très fine.

Haut. 34 c.

5 — (1589). *Josué*, *Alexandre* et *David* en médaillons au bas desquels se trouvent des armoiries, répétés trois fois. Couvercle en étain.

Haut. 25 c.

6 — Adam et Eve au Paradis Terrestre, au milieu des animaux. Couvercle en étain.

Haut. 25 c.

7 — Figure de Gédéon, et divers sujets bibliques.

Haut. 23 c.

8 — A peu près semblable à la précédente.

Haut. 23 c.

9 et 10 — Deux vases modernes pour comparaison.

Haut. 19 c.

Buires à long goulot partant du milieu de la panse (Tootkruiken).

11 — (1590). La panse ornée de trois médaillons entourés de riches arabesques, le tuyau et l'anse couverts d'ornements ; à la naissance du tuyau est un beau mascaron. Exécution magnifique.

Haut. 20 c.

FORMES VARIÉES.

12 — Allongée en forme de poire, couverte d'entailles régulières en forme de losange. Couvercle en étain.

Haut. 20 c.

13 — Un peu plus ramassée, la panse couverte d'une branche de chêne, et le goulot orné d'une tête à longue barbe.

Haut. 17 c.

14 — Même forme, branchage gravé en creux, fleurs en relief.

Haut. 18 c.

15 — Petit vase ancien et rare, le pied pétri au doigt, trois petits médaillons : *Le Christ enfant*, *Le Crucifiement* et *La Résurrection*. Très curieux.

Haut. 11 c.

16 — Panse surbaissée, goulot étroit, le champ entier couvert de fines entailles formant ornement. Couvercle en étain.

Haut. 22 c.

17 — Sans goulot, ronde, couverte de têtes d'anges et d'arabesques, fermant à vis (fracturée).

Haut. 13 c.

18 — Panse étranglée par le milieu, sans goulot, ouverture large, servant de porte-bouquet.

Haut. 17 c.

19 — Poivrière de forme élégante, pied découpé à jour, bouchon de grès fermant à vis.

Haut. 13 c.

20 — Théière figurant un lion couché. Couvercle en grès.

21 — Forme de poire, une face humaine au goulot. Émail très jaune.

Haut. 18 c.

22 — Même forme. Couvercle en grès, monture très fine en argent.

Haut. 21 c.

23 — Le corps d'un vase (fracturé), tout autour des enfants en haut-relief admirablement dessinés.

Haut. 25 c.

COUVERTE BRUN PALE.

24 — Forme sphérique surbaissée, sur la panse les armoiries des anciens ducs d'Aremberg, soutenues par des lions héraldiques, à côté desquelles on remarque des figures en haut-relief, costumes fort anciens. (Pièce superbe.)

Haut. 21 c.

25 — Même forme, trois médaillons sur la panse (fine). Couvercle en étain.

Haut. 16 c.

26 — Tout ce petit vase représente une figure humaine dont la tête occupe le goulot, les bras sortent de chaque côté de la panse, tenant l'un un pied de mouton et l'autre un pied de cochon ; il est émaillé de bleu par places. (Rare et curieux.) Couvercle en étain.

Haut. 12 c.

27 — (1588). Gourde à panse aplatie et à quatre oreillettes, teintée de brun par places, fermant à vis, ornée des armoiries du *comte Armand de Wied*, mort le 10 décembre devant Rouen, et de la *comtesse Walpurgis*, fille du *comte de Bentheim et de Steinfurt*. (Pièce unique, d'un fini admirable.)

Haut. 43 c.

28 — Canette cerclée et ornementée en relief, le col percé de plusieurs ouvertures dans les ornements, qui empêchent de boire ; un petit bec adapté au goulot permet d'aspirer la liqueur, après avoir bouché un petit trou caché sous l'anse. (Très rare.) Couvercle en étain.

Haut. 20 c.

28 bis. — A deux anses, deux médaillons sur la panse, deux au goulot, l'une des faces est ornée d'un branchage, émaillé de couleur orange. (Très rare.)

Haut. 21 c.

POTERIE BRUNE

FORME TRÈS PEU CONIQUE, PRESQUE DROITE.

28 ter. — Trois figures de femmes : *Judith*, *Esther* et *Lucrèce* dans des niches cintrées, occupent la hauteur de ce beau vase.

Haut. 32 c.

29 — Figure de femme répétée trois fois, avec l'inscription *DE GEDVLT.*

Haut. 29 c.

Panse globuleuse (Pullen).

30 à 37 — Huit vases de même forme diversement ornés de boutons, d'inscriptions, etc., seront divisés.

Haut. de 14 c. à 28 c.

Goulot étroit.

38 — Un écusson, soutenu par deux lions héraldiques, occupe la panse.

Haut. 25 c.

39 — (1604). Ce vase est orné de trois armoiries entourées d'ornements. Marque du potier : C. P. Couvercle en étain.

Haut. 27 c.

40-41 — Deux vases à peu près semblables, avec armoiries. Couvercles en étain.

Haut. 20 et 22 c.

42 — Goulot très étroit couvert de trois écussons répétés deux fois sur la panse où se trouvent onze médaillons, têtes d'hommes et de femmes, et divers autres ornements. (Vase fort ancien et rare.)

Haut. 20 c.

43 — Filets au goulot, panse unie. Couvercle en étain.

Haut. 13 c.

Panse surbaissée (goulot large).

44-45 — Ornements gravés en creux, col court et très orné. Couvercle en étain.

Haut. 19 et 28 c.

46 et 47 — Branchage en haut-relief. Sur le n° 47, on remarque un corbeau, probablement la marque du potier.

Haut. 15 c. et 17 c.

48-49 — Goulot plus étroit, orné d'une face humaine, panse unie.

Haut. 20 c.

50 — Quelques médaillons et une inscription sur la panse.

Haut. 24 c.

51-52 — Goulot large orné de têtes de lions, armoiries sur la panse, l'une a la marque du potier H. N.

Haut. 13 c.

53-54 — Goulot plus étroit, ornements gravés; le n° 53 a son couvercle en étain.

Haut. 10 c. à 13 c.

55 — Canette à surprise, semblable au n° 28. (Rare.)

Haut. 17 c.

56 — (1604). Un mascaron au goulot, armoirie et médaillons sur la panse, teintée de bleu par places.

Haut. 35 c.

57 — (1623). Trois médaillons, l'*Adoration des Mages*, branchages et ornements; inscriptions fort curieuses. (Pièce des plus remarquables.) Couvercle en étain.

Haut. 33 c.

58 — (1593). Même forme que le nº 51, armoiries, marquée A. O., très fine, couvercle en étain.

Haut. 23 c.

FORME SPHERIQUE, MAIS EN GÉNÉRAL PLUS ÉLANCÉE.

59 — Vase à deux anses.

Haut. 27 c.

60 — Même forme, terre rouge.

Haut. 14 c.

LE CORPS DU VASE EN SPHÉROIDE ALLONGÉ, LA PARTIE DU MILIEU CYLINDRIQUE.

61 — (1524). Aiguière (1), la plate-bande, ornée de douze bas-reliefs, représente l'histoire de la chaste Suzanne, en six sujets composés d'une foule de figures, et répétés deux fois. Le reste de ce beau vase est élégamment travaillé; il est signé Engel-Kran, et a son couvercle primitif. (Très rare.)

Haut. 40 c.

(1) Nous désignons sous le nom d'aiguières les vases dont le goulot est orné d'un muffle de lion ou d'un animal fantastique.

62 — Les mêmes bas-reliefs que la précédente. Au goulot huit bustes dans des niches cintrées; un bourrelet à bouillons creux faisant cercle sur le haut de la plate bande, un seul mascaron sous l'anse; même signature. Couvercle en étain.

Haut. 38 c.

63 — (1580). Aiguière, encore plus élégante que les précédentes, au goulot un beau muffle de lion, dans les lèvres entr'ouvertes duquel on peut passer un anneau; armoiries et figures. La marque du potier est G. E. Couvercle en étain.

Haut. 40 c.

64 — (1602) Grande aiguière : la ceinture représente les sept électeurs de l'Empire à mi corps, tenant leur écusson; le restant du vase est élégamment décoré de cercle et d'ornements qui font de cette pièce une élégante construction de l'art céramique de cette époque. Couvercle en étain.

Haut. 50 c.

65 — Aiguière : dix médaillons ou armoiries autour de la panse, le goulot décoré d'oiseaux, etc. Marque du potier R. T. (Aussi élégante que la précédente.) Couvercle en étain.

Haut. 47 cent.

66 — Trois écussons et mascarons sur la panse. Couvercle en étain.

Haut. 35 c.

67 — Armoiries soutenues par des griffons ailés; ornements au col et au goulot. (Fine.)

Haut. 37 c.

68 — (1596). Armoiries dans des niches cintrées, inscription et médaillons au goulot.

Haut. 28 c.

69 — (1632) Les électeurs à mi-corps; ornements divers.

Haut. 26 c.

70 à 78. — Neuf cruches, les unes ornées de petits bustes et de médaillons, d'autres avec les électeurs, etc., toutes fines et recherchées. Les nos 73, 74, 75, ont leur couvercle.

Haut. de 22 à 25 c.

Ce lot sera divisé.

79 — (1597.) Une danse de paysans avec une inscription fort curieuse dont voici la traduction :

GARS, SONNEZ FORT,
ALORS DANSENT LES PAYSANS A DEVENIR ENRAGÉS
ALLONS, DIT LE CURÉ,
J'Y PERDRAI MON CHASUBLE,
CELUI QUI VEUT CONSERVER SA TÊTE
NE DÉRANGE PAS LES CHIENS ET LAISSE DANSER LES PAYSANS.

d'après Aldegrever (très fine et fort rare).

Haut. 22 c.

80 à 86 — Sept cruches excessivement fines et de formes élégantes. Les nos 83, 84, 85 et 86 ont leurs couvercles en étain.

Haut. de 14 à 22 c.

Ce lot sera divisé.

87 à 89 — Trois cruches fort anciennes, la panse unie d'un jaune orange, le pied pétri à la main. Le no 88 a son bouchon primitif en bois, et le no 89 a son couvercle en étain. (Rare.)

Haut. de 18 à 28 c.

Seront vendues séparément.

90 — Tout unie, terre rouge, goulot évasé.
Haut. 24 c.

FORMES VARIÉES.

91-92 — Gourdes à oreillettes ; sur la panse du n° 85 le masque de l'*Infante Isabelle*.
Haut. 25 à 41 c.

93 — Grand tonneau à deux oreillettes placées de chaque côté du goulot ; six armoiries. (Fracturée.)
Haut. 32 c.

94 à 98 — Cinq jolies cruches de diverses formes ; les nos 94, 95 et 98 ont leurs couvercles fermant à vis.
Haut. de 12 à 19 c.

Ce lot sera divisé.

99 — Forme de tonneau posé sur 4 petits pieds ; du milieu du tonneau part un goulot fin et orné ; sur les deux faces un médaillon : *Adam et Eve au Paradis* et *Adam et Eve chassés* ; ornements divers (forme rare). Couvercle en étain.
Haut. 18 c.

100 — Vase à trois anses avec couvercle en étain.
Haut. 29 c.

POTERIE BLEUE.

La couverte du fond grisâtre, teintée de bleu, de brun ou de violet.

FORME CONIQUE.

101 — Un cercle en relief divise ce vase aux deux tiers de sa hauteur ; sur la partie du haut, la Danse des paysans ou Noces westphaliennes, avec inscrip-

tion; le reste est orné de branchages, etc. (Email magnifique, pièce très remarquable.)

Haut. 38 c.

SPHÉROIDE ALLONGÉE, LA PARTIE DU MILIEU CYLINDRIQUE.

102 — Sur la plate-bande de ce vase, unique par sa beauté et le fini de ses ornements, se trouvent six médaillons reliés entre eux par des cariatides et des enlacements renaissance ; au goulot, dans un écusson soutenu par des Syrènes, se trouve la signature du potier *Jan Ernst*. Couvercle en étain.

Haut. 30 c.

103 — Les Electeurs tenant leurs écussons. Couvercle en étain.

Haut. 35 c.

104 — Une danse de paysans avec l'inscription du n° 79, très fine. Couvercle en étain.

Haut. 25 c.

105 — Dans huit niches richement ornées se trouvent des scènes de la vie du Christ, représentées par des personnages en costume moyen-âge. (Ancien et rare.)

Haut. 25 c.

106-107 — Deux petites cruches d'une extrême finesse ; le n° 107 a son couvercle.

Haut. 19 et 22 c.

108 — Dans neuf niches sont représentées des batailles avec inscription. (Très curieuse.)

Haut. 31 c.

SPHÉROIDE ALLONGÉE NON CERCLÉE AU MILIEU.

109 à 117 — Neuf aiguières des plus élégantes, émaillées de diverses couleurs, ornées de boutons en relief, de rinceaux ou de branches; tout ce que la poterie du XVIIe siècle a produit de plus achevé se trouve réuni dans ces vases, qui sont autant recherchés pour l'atelier du peintre et pour l'étagère de salon, que pour le cabinet de l'antiquaire.

Haut. de 18 à 32 c.

Seront vendues séparément.

118 à 130 — Treize aiguières et autres, dont plusieurs sont décorées de riches rosaces découpées. Quelques-uns de ces vases proviennent de la collection de *M. d'Huyvetter*, et sont gravés dans son ouvrage.

Haut. de 12 à 28 c.

Ce lot sera divisé.

131 — Panse aplatie à six faces, fleurons bleus, contours gravés.

Haut. 25 c.

132 — La même à sept faces. (Fracturée).

Haut. 20 c.

133 à 147 — Quinze cruches diverses à émail de couleur.

Haut. de 14 à 50.

Seront divisées.

Buires à longs goulots.

148 — Cerclée en relief, un beau mascaron au bas du tuyau, lequel, ainsi que le reste du vase, est élégamment décoré; couvercle en étain surmonté d'un lion.

Haut. 29 c.

149 — Même forme, plus petite. (Fracturée)

Haut. 24 c.

Panse sphérique, col large.

150 à 166 — Dix-sept cruches de diverses formes, dont plusieurs sont signées. Elles sont toutes très fines.

Haut. de 11 à 26 c.

Seront vendues séparément.

Toutes droites.

167 — Bleue et grise, couverte de fleurs et d'ornements. (Très fine.)

Haut. 28 c.

168 — Cinq plaques d'émail bleu, couvertes d'arabesques grises et entourées de branchages en relief, travail très fin. Couvercle en étain.

Haut. 20 c.

Seront divisées.

169 à 171. — Ornements divers. Le n° 169 est très remarquable; il a son couvercle ainsi que le n° 171.

Haut. de 12 à 20 c.

172 — Ornements gravés, couvercle en grès, monture en argent.

Haut. 14 c.

173 — Six armoiries sur la ceinture.

Haut. 13 c.

174 — Couverte de petites figures en relief très fines, couvercle très richement repoussé en argent.

175 — Une danse de soldats en costume fort anciens, très curieux.

Haut. 10 c.

176 — Ornements gravés et en relief sans anse, bel émail.

Haut. 21 c.

177 — Elevé sur trois petits pieds, ce vase, très fin et fort rare, a la ceinture émaillée de violet. Trois têtes d'animaux dans la gueule entr'ouverte, desquels on peut passer des anneaux. Email magnifique, couvercle en argent enrichi d'une armoirie repoussée. Ce vase, d'un fini et d'une élégance parfaite, est l'une des pièces les plus remarquables de cette magnifique collection.

Haut. 16 c.

178 — Même forme que le n° 172. Couvercle en grès.

Haut. 17 c.

179 — Une vue de ville occupe toute la panse, têtes de clous émaillés bleu et brun. (Remarquable.)

Haut. 20 c.

FORMES VARIÉES.

180 — Droite, s'étranglant brusquement au goulot, lequel est orné d'un beau mascaron; quatre belles étoiles sur la ceinture: le reste du vase finement décoré. (Forme très curieuse.)

Haut. 24 c.

181 — Forme de tonneau, gris et bleu. Couvercle en étain.

Haut. 17 c.

182-183 — Deux tonneaux s'ouvrant à vis du haut, émaillés de bleu et de violet.

Long. 25 et 45 c.

184 — (1640). Droite, à quatre faces, les angles bleus, fermant à vis.

Haut. 30 c.

185 — Théière élancée, petit goulot partant du haut de la panse, branches et fleurs ornant tout le vase.

Haut. 22 c.

186 à 189 — Quatre cruches à panses aplaties à plusieurs faces; plusieurs sont signées. Le n° 186 a son couvercle en étain fermant à vis.

Haut. de 14 à 22 c.

Seront divisées.

190 à 193 — Théières diverses et gobelets, gris et bleu.

Haut. de 8 à 21 c.

194 à 195 — Deux encriers.

196 — Un chien assis.

Haut. 40 c.

197 — Une Syrène.

Haut. 58 c.

198 — La même, couchée.

Haut. 20 c.

199 — La panse d'une belle aiguière, dont le goulot et l'anse ont été brisés.

Haut. 32 c.

200 à 203 — Quatre vases à fleurs avec diverses armoiries.

204 — Petite savonnette avec anse et fleurs gravées. (Rare.)

205 — Une danse de paysans. Poterie grise, belle et curieuse, classée ici par erreur; l'inscription du n° 79

Haut. 20 c.

Vases émaillés, et autres de diverses époques, et de toutes formes.

206 — Grande aiguière émaillée; autour de la base, dans des niches cintrées, sont représentés *les Travaux d'Hercule*; au-dessus, séparé par une bande jaune, *le Jugement de Pâris*, répété deux fois; sur le haut de la panse, têtes d'anges et ornements divers. Les sujets teintés au naturel, émail blanc, bleu, vert, jaune et brun. Couvercle. (Pièce d'un superbe travail allemand.)

Haut. 45 c.

207 — Même forme, branches et fleurs en relief, dans le bas deux figures nues. Couvercle en étain.

Haut. 25 c.

208 à 213 — Six cruches allemandes, avec les apôtres, et des ornements émaillés en couleur, inscriptions diverses. Les nos 208, 210, 211 ont leurs couvercles.

Haut. de 12 à 16 c.

Ce lot sera divisé.

214 à 220 — Six cruches diverses, semblables aux précédentes, mais sans émail.

Haut. de 8 à 18 c.

Seront vendues séparément.

221 à 224 — Quatre cruches en terre brune, sans anses, goulot étroit, fermant à vis; sur le couvercle un anneau d'étain pour les suspendre; ornements divers.

Haut. de 17 à 20 c.

225 — Presque droite, panse renflée du bas, guillochée, à côtes. Couvercle en étain.

Haut. 13 c.

226 — Emaillée, les Evangélistes sur fond d'or. Restauration moderne.

Haut. 35 c.

227 — Emaillée, panse ronde, goulot large, figures de saints. Couvercle.

Haut. 23 c.

28-229 — Forme plus élancée, ornements en couleur. Le nº **228** a son couvercle en étain.

Haut. 18 et 23 c.

230 — Toute droite; sur la ceinture sept têtes et armoiries émaillées.

Haut. 20 c.

231 — Même forme, terre jaune, fleurs et ornements blancs et bleus, couvercle en étain.

Haut. 21 c.

232 — (1733.) Même forme, émail brun rougeâtre, pied, cercles et couvercle en étain.

Haut. 21 c.

233 — (1756) Droite. Médaillons et ornements simulant des incrustations d'étain. Couvercle.

Haut. 19 c.

234 — Même forme. Serpentine émaillée d'or et de diverses couleurs. Couvercle en étain.

Haut. 17 c.

235 — Même forme. Serpentine, couvercle en étain.

Haut. 12 c.

236 — La même. Couvercle assez richement repoussé.

Haut. 13 c.

237 — Panse renflée au milieu, cerclée d'étain; le couvercle repoussé. Serpentine.

Haut. 21 c.

238-239 — Canette et gobelet en bois, avec ornements en étain incrustés et gravés, inscriptions allemandes. La canette, qui a son couvercle orné, indique l'année 1726.

Haut. 14 et 21 c.

240 — Conique, terre verte craquelée, rugueuse. Couvercle orné.

Haut. 25 c.

241 — Aiguière, fabrication de Delft, très fine, fond bleu pâle avec une chasse émaillée. Couvercle en étain.

Haut. 29 c.

242 — Vase en terre rouge moderne du midi de la France.

Haut. 30 c.

243 — Vase brésilien moderne.

Haut. 32 c.

244 — (1640) Droite, à deux anses, terre jaune, têtes d'anges émaillées, poterie anglaise.

Haut. 19 c.

245-246 — Deux statuettes grotesques, terre coloriée.

Haut. 20 c.

247-248 — Deux salières. Le support carré découpé à jour.

Haut. 8 c.

249 — Encrier. Un ours assis tient l'écritoire dans ses pattes et le sablier sur la tête.

Haut. 15 c.

250 — Vase égyptien authentique. Un animal fantastique couvre toute la panse. (Rare.)

Haut. 19 c.

251 — Ce curieux monument consiste en une double coquille de Saint-Jean, supportée par trois griffes de lion dorées; sur la coquille, un groupe émaillé, fort beau de dessin : Saint Georges à cheval combattant le dragon. Toute cette pièce est en poterie, et a dû appartenir à une corporation flamande du XVIIe siècle.

Haut. 25 c.

252 — Chaire de vérité appuyée à une colonne soutenue par quatre anges. L'on y arrive par un escalier tournant orné de saints et de rinceaux; la chaire est soutenue par Moïse tenant les tables de la loi; au bas de l'escalier, un riche portique cintré et orné de cariatides; à côté un petit autel avec crucifix, flambeaux, etc. Le chapiteau de la colonne s'enlève et découvre une petite niche dans laquelle le potier s'est représenté à l'ouvrage avec les divers produits de son art. Cette pièce, très originale, est entièrement émaillée au naturel et couverte d'inscriptions et d'ornements.

Haut. 60 c.

253 — Droite, terre jaune, figures en relief en terre brune.

Haut. 20 c.

254 — Presque droite, panse renflée du bas.

Haut. 25 c.

255 — Bénitier émaillé de bleu et de violet. (Très rare.)

256 — Droite, à côtes, serpentine, un anneau pour la suspendre.

Haut. 18 c.

257 — Une chapelle, richement ornée, fort ancienne, ayant servi de reliquaire.

Haut. 30 c.

258 — La même, plus petite.

Haut. 15 c.

259 — Vase très curieux de forme; son émail a été enlevé par des acides.

Haut. 50 c.

260 — Grande gourde fermant à vis, sur le couvercle en étain une menotte pour la porter; sur la panse, les douze apôtres et une superbe armoirie, avec l'inscription : *Gottfried — Samuel — Bohme.* Email magnifique. (Pièce rare et fort estimée).

Haut. 40 c.

261 à 263 — Une théière et deux objets chinois.

264 à 271 — Huit canettes en faïence de Delft de diverses formes. Le n° 270 a son couvercle en argent. Ce lot sera divisé.

FAIENCE DE FAENZA.

272 — Plat évasé en faïence de Faënza. Un Sacrifice, d'après un maître italien.

Diam. 30 c.

273 — Plateau presque plat. L'Enlèvement de Déjanire. D'une exécution et d'un dessin magnifique.

Diam. 26 c.

274 — Ecuelle assez profonde. *Apollon et Marsyas*. Très remarquable.

Diam. 23 c.

275-274 — Deux plateaux.

Diam. 20 c.

277 à 280 — Quatre petites écuelles ornées de différents sujets.

Diam. 12 c.

281 — Plat évasé en faïence Hispano-Arabe, à reflets métalliques. (Rare.)

Diam. 18 c.

282 — Plat évasé. Judith revenant du camp d'Holopherne.

Diam. 26 c.

283 — Plateau. Moïse sauvé des eaux.

Diam. 28 c.

285 — Plateau. La Tour de Babel.

Diam. 24 c.

285 — Plateau, Salomon et l'Ange.

Diam. 24 c.

286 — Ecuelle. Adam et Eve chassés du Paradis. Armoiries.

Diam. 25 c.

287-288 — Deux plateaux; l'un des deux est peint en grisaille.

Diam. 27 et 30 c.

289 — Écuelle à bords globuleux. Sujet biblique.

Diam. 24 c.

290 à 292. — Trois plateaux. Différents sujets.

Diam. 25 à 27 c.

293 — Plateau violet jaspé. Ornements en relief, forme elliptique.

Long. 33 c.

294 — Plateau rond, bords découpés, jaspé de riches couleurs.

Diam. 38 c.

295 — Plateau elliptique de Delft.

Long. 38 c.

296 — Plateau ovale de *Bernard-Palissy*, d'une grandeur peu commune, à reptile. Le fond est jaspé de bleu et de brun. Ce plateau est d'un fini irréprochable, et n'a qu'un coup de feu qui n'ôte rien à sa valeur.

OBJETS DIVERS.

297 — Cachette à argent en poterie émaillée de vert.

298 — Le buste en bas-relief de Joan-Anton (1709).

299 — Deux sucriers en porcelaine de Croenenburg.

300 — Une coupe en pierre dure (agate). Le pied émaillé. Moderne.

301 — Une tabatière d'or avec une chasse au tigre émaillée.

302 — Cassolette en argent gravée, très curieuse et d'une forme élégante.

303 — Une canette en étain provenant d'une corporation.

304 — Une belle aiguière et son plateau en étain du XVIe siècle, d'une forme élégante et gracieuse.

305 — Un drapeau de corporation en soie de couleur, avec la Croix de Bourgogne.

306 — Un drapeau de la corporation de Saint-Martin, au village d'*Acoz* (Luxembourg). Curieux.

307 — Deux anciennes fenêtres flamandes du XVIIe siècle.

308 — Un lit flamand, à colonnes, de la même époque.

309 — Un lit en palissandre massif et bronze, style Louis XIV.

310 — Une robe Louis XV, en soie brochée verte à fleurs. (Complète.)

311 — Une robe Louis XV, soie violette. Très riche.

312 — Un costume turc.

313 — Une draperie en vieille étoffe de Chine, brodée en soie de couleurs.

314 — Une couverture de lit en étoffe flamande.

315 — Un grand bahut en marqueterie, surmonté d'une magnifique armoirie. Ce meuble rare, d'un style élégant et pur, a servi de dressoir dans une grande salle à manger.

316 — Sous ce numéro se vendront les objets omis au présent Catalogue.

Le Catalogue des Dessins sera publié séparément.

Maulde et Renou, Imprimeurs de la Compagnie des Commissaires-Priseurs, rue de Rivoli prolongée au coin de celle de l'Arbre-Sec. 7239

www.ingramcontent.com/pod-product-compliance
Ingram Content Group UK Ltd.
Pitfield, Milton Keynes, MK11 3LW, UK
UKHW020439220726
13923UKWH00005B/2219